El pequeño libro de la
Intuición

*Cuando empieces a utilizar
el poder mágico de tu mente
subconsciente, a ti también te
ocurrirán cosas maravillosas.*

El pequeño libro de la
Intuición

Prácticas sencillas para
trabajar con tu sexto sentido

THERESA CHEUNG

Título original: *Little Book of Intuition*

Traducción: equipo Grupo Gaia

© 2025, Octopus Publishing Group Ltd.

Publicado originalmente en Gran Bretaña en 2024
por Godsfield Press, un sello de Octopus Publishing Group Ltd.

Publicado por acuerdo con Octopus Publishing Group Ltd.
Carmelite House, 50 Victoria Embankment,
Londres EC4Y 0DZ, Reino Unido

© Distribuciones Alfaomega S.L., Gaia Ediciones, 2025
   Alquimia, 6 - 28933 Móstoles (Madrid) - España
   Tel.: 91 617 08 67
   www.grupogaia.es - E-mail: grupogaia@grupogaia.es

Primera edición: marzo de 2026

Depósito legal: M. 17.005-2025
I.S.B.N.: 978-84-1108-198-6

Impreso en China

Índice

Introducción

El sexto sentido no es algo que unas personas tengan
y otras no. Lo que ocurre es que hay quienes,
simplemente, son más conscientes de sus capacidades
o más sensibles por naturaleza que los demás.
Ten la seguridad de que tú también posees este
potencial dentro de ti, tan solo has de redescubrir
y desarrollar este arte olvidado.

Pistas para despertar tu sexto sentido

- ¿Alguna vez has tenido sueños que luego se han hecho realidad?
- ¿Ha habido algún momento en tu vida en que experimentaras un *déjà vu* o la sensación de haber vivido ya algo similar?
- ¿Has sentido una atracción inexplicable por alguien?
- ¿Alguna vez has tenido la corazonada de que algo iba a suceder, y luego ha sucedido?

- ¿Eres capaz de adivinar lo que piensan los demás?
- ¿Alguna vez has observado fijamente a alguien pensando que no te veía y, de repente, se ha girado y te ha devuelto la mirada?
- ¿Alguna vez has pensado en alguien y esa persona te ha llamado al cabo de unos minutos?
- ¿Te ves afectado por el ambiente de una estancia?
- ¿Sabes si una persona está disgustada, enfadada o entusiasmada antes de que te hable?
- ¿Has tenido alguna vez la sensación repentina de que debías hacer algo o estar en un determinado lugar, y más tarde te has dado cuenta de que tendrías que haber hecho caso a esa sensación?

Incluso aunque solo hayas respondido
«Tal vez» a alguna de estas preguntas,
es un indicio de que has vivido en tus propias
carnes lo que parece ser el tipo más básico
de experiencia psíquica: el sexto sentido.

Cómo utilizar este libro

Considera este libro tu primer paso hacia un mundo de potencial infinito. Mediante las técnicas que aprenderás aquí, fortalecerás tu sexto sentido y encontrarás formas naturales de aprovechar tu manantial de sabiduría intuitiva.

A medida que vayas leyendo, recibirás una guía práctica y segura sobre cada aspecto de tu desarrollo psíquico, y descubrirás cómo experimentarlo en la vida cotidiana. Te conducirá, etapa por etapa, a través de esas corazonadas y esos pensamientos vagos que, cuando se combinan, constituyen tu potencial psíquico —tu poder silencioso—.

Ejercicios psíquicos

Los ejercicios de este libro no son exámenes, por lo que no hay respuestas correctas o incorrectas. Tan solo realízalos y comprueba cómo te sientes. Puede que te lleve tiempo entenderlos, así que mantén una actitud positiva. Considéralos una forma de gimnasia psíquica con la que ejercitar los músculos de tu sexto sentido. Y, como con cualquier ejercicio físico, te vendrá bien un enfriamiento posterior: algún acto sencillo que te devuelva a la normalidad, como tomar un tentempié, dar un paseo o charlar con un amigo.

Algunos ejercicios tienen que ver con la visualización. Si, como a muchos de nosotros, te cuesta formar imágenes mentales, prueba a describir —en voz alta o con el pensamiento— lo que quieres visualizar. Tiene el mismo efecto trascendente.

¿Cuál es tu sexto sentido?

Si alguna vez has tenido la sensación de que algo podía ocurrir y así ha sido, o has tenido un sueño que se ha hecho realidad, o has pensado algo exactamente al mismo tiempo que otra persona, es posible que estés utilizando tu sexto sentido sin darte cuenta.

Los ejercicios de este capítulo están diseñados para ayudarte a ser más consciente del mundo que alberga tu sexto sentido, tu intuición o tu poder psíquico (en este libro, los términos «intuición», «sexto sentido» y «poder psíquico» son intercambiables). Comprender la forma en la que recibes información de tu sexto sentido es un paso hacia su construcción, por lo que, en las siguientes páginas, examinaremos tres áreas principales de la capacidad psíquica: la clarividencia, la clariaudiencia y la clarisentencia. Mientras lees las descripciones y realizas los ejercicios, fíjate en si tus instintos te llevan a alguna de estas áreas en particular.

Conexión
con el sexto sentido

Todos tenemos un sexto sentido, de modo que ¿por qué no lo utilizamos más? Intentemos explicarlo con un ejemplo. Si alguien viviera en la oscuridad durante años, sus ojos se adaptarían a la ausencia de luz; con el tiempo, esa persona sería capaz de ver mejor en la oscuridad que a plena luz. Lo mismo ocurre con nuestro sexto sentido. Con la llegada de la civilización y la tecnología, ya no necesitamos mantenernos alerta para sobrevivir y alejarnos del peligro, así que nos hemos vuelto perezosos y ya no percibimos aquello que nos rodea.

En otras palabras, si no utilizas tu capacidad psíquica, la pierdes. Tienes que redescubrirla, entrenarla y desarrollarla cada día, del mismo modo que ejercitarías tu forma física. Un principio fundamental del sexto sentido es que, al responsabilizarte de descubrirlo y desarrollarlo, te conviertes en el encargado del rumbo que tomas en tu vida.

Desarrollar tu sexto sentido es un viaje de redescubrimiento de tu capacidad psíquica innata, y de indagación sobre quién eres y hacia dónde vas. Una vez que comprendas esto, podrás empezar a avanzar utilizando lo que descubras para sacar el máximo partido a tu vida en todos los sentidos. ¿Por dónde comenzar? Pues cruzando una línea muy especial: la línea entre tu lado no psíquico (tu yo físico) y tu lado psíquico (tus pensamientos).

Entrenamientos psíquicos

Los siguientes ejercicios están diseñados para ayudarte a ser más consciente del mundo que bulle dentro de tu cabeza y más allá de tus sentidos.

EJERCICIO:
Crecimiento y decadencia

———————

Este ejercicio te anima a centrarte en el ciclo vital universal mientras prestas atención a los elementos naturales. Cuanto más lo practiques, más probable será que empieces a sentirte parte de una fuerza energética que fluye a través de ti y a tu alrededor.

1. Céntrate en un elemento natural, como las flores que crecen en una maceta o las hojas que caen de los árboles.

2. Una vez que te hayas acostumbrado a las sensaciones y formas del crecimiento y la decadencia, intenta sintonizar con ellas incluso cuando no tengas delante ningún elemento que te inspire tal visión. Es una forma completamente nueva de ver las cosas, así que tómate tu tiempo. La idea es que el crecimiento y la decadencia no son solo palabras con las que designar objetos, sino fuerzas vivas que te evocan imágenes o asociaciones. Este es el comienzo de la visión psíquica.

3. Ahora estás preparado para avanzar hacia otros temas, como los colores: ¿qué sentimientos o imágenes te transmite cada uno de ellos? También puedes contrastar los sentimientos que te inspiran los seres vivos, como los animales o las plantas, con los que te provocan las cosas inanimadas, como las rocas o los cristales.

EJERCICIO:
Diferentes niveles

Este es un sencillo ejercicio de reflexión que puedes realizar en cualquier momento y lugar. Elige un objeto que te resulte familiar y que veas todos los días: tu abrigo, por ejemplo. Ahora, medita sobre ello a través de cuatro niveles diferentes.

1. Piensa en el propio abrigo. ¿De qué color es? ¿Dónde lo compraste? ¿Qué buenos o malos momentos has vivido llevándolo puesto?
2. Ahora medita sobre los abrigos en general.
3. Piensa en la finalidad de los abrigos: ¿por qué los lleva la gente?
4. Piensa en los abrigos en sentido abstracto. Por ejemplo, podrían ser un símbolo de protección y calor, así que deja que tu mente deambule entre imágenes de fuego o de sopa reconfortante.

EJERCICIO:
Mirar fijamente una planta

Este ejercicio no es tan sencillo como parece, así que no te desanimes si no obtienes resultados inmediatos.

1. Observa de cerca una planta joven, prestando especial atención a su color, forma y textura. Deja que el siguiente pensamiento invada tu mente: «Esta planta se convertirá algún día en una planta más grande».

2. Ahora, imagínala en el futuro: visualiza en qué se convertirá algún día.

3. Con el tiempo, puedes empezar a ver niebla o una nube alrededor de la planta, o una imagen mental de la planta en flor. No es tu mirada la que produce este efecto; es tu comprensión de que todo ser vivo está rodeado de energía y tiene un destino reservado. Si todavía no puedes ver nada, no te preocupes. El mero hecho de pensar en esta idea te ayudará enormemente en tu desarrollo psíquico.

Sintonía

Es el momento de aprender más acerca de cómo recibir información psíquica. Hay muchas maneras en que dicha información puede llegar a ti, y a cada persona le funciona mejor una técnica específica.

No te preocupes si no te queda claro de inmediato por qué método de conciencia psíquica te sientes atraído, o si te interesas por más de uno. Por ahora, sigue observándote y reflexionando sobre tu forma de pensar. Con el tiempo, todo encajará de forma natural.

No trates de forzar las cosas, mantén las ideas de las últimas páginas siempre presentes en el fondo de tu mente. Cuanto más simpatices contigo mismo alineándote a las ideas de respeto y asombro, más crecerá automáticamente tu sexto sentido sin que te preocupes por ello. Y te darás cuenta de que el lugar más fiable para buscar orientación es tu yo superior.

Clarividencia

¿Alguna vez has visto imágenes en tu cabeza? Quizás te imaginaste a ti mismo superando un examen antes de enterarte de que lo habías aprobado. O visualizaste flores amarillas en tu mente y, cuando fuiste a una cita, viste que cada mesa del restaurante tenía un jarrón con ese tipo de flores. Si has tenido experiencias similares a estas, puede que estés recibiendo información psíquica a través de la clarividencia.

Clarividencia significa, literalmente, 'visión clara'. Es el poder de ver un acontecimiento o una imagen en el pasado, el presente o el futuro.

¿Procesas la información visualmente?

Si respondes «sí» a alguna de las preguntas siguientes, es probable que seas una persona muy visual y, por lo tanto, más propensa a recibir información a través de la clarividencia.

- ¿Piensas en imágenes?
- ¿Te fijas más en el aspecto de las cosas que en su sonido, tacto, sabor u olor?
- ¿Eres amante del arte?
- ¿Te fascina la apariencia de las personas, de los objetos o del entorno?

Clarividencia subjetiva

Muchos clarividentes obtienen sus percepciones de manera interna a través del ojo de su mente, lo que se denomina «clarividencia subjetiva». Esta capacidad puede manifestarse en forma de luces, imágenes, símbolos, colores o sueños. Y algunas personas describen que las imágenes que reciben vienen proyectadas desde su «tercer ojo» (véase la página 94), como si tuvieran un televisor o una pantalla de cine justo delante de la frente.

Todos somos capaces de desarrollar la clarividencia subjetiva. Los ejercicios del capítulo siguiente (véanse las páginas 30-47) te ayudarán a desarrollar esta capacidad de pensar en imágenes y, por tanto, incrementarán tu potencial clarividente para percibir el futuro de manera visual. De momento, puedes probar con el siguiente ejercicio.

EJERCICIO:
Visión en color

———————

Este ejercicio se basa en impresiones, así que intenta no pensar demasiado en lo que estás haciendo.

1. Recorta un cuadrado de unos 13 cm de papel blanco.
2. Con un rotulador, dibuja un círculo y coloréalo de azul. Ahora pinta una franja naranja alrededor de ese círculo.
3. Observa el círculo durante dos minutos. No lo mires con demasiada intensidad, pero mantén la vista fija en el papel todo el tiempo que puedas.
4. Ahora, cierra los ojos. En tu visión interior verás una imagen muy parecida al círculo, aunque los colores pueden cambiar. Observa la imagen interior hasta que se desvanezca. No intentes alterarla.
5. Intenta practicar este ejercicio cada mañana durante cinco días. Después de un tiempo deberías poder ver el círculo de forma clara en tu mente siempre que lo desees. Solo tienes que cerrar los ojos y esperar.
6. Sigue practicando durante otra semana. Luego, cuando ya seas capaz de ver el círculo con los ojos cerrados, ábrelos: verás que la imagen no desaparece, sino que queda suspendida en el espacio, como una visión.

Clariaudiencia

¿Alguna vez has oído sonidos o voces que sabías que eran reales, aunque no estuviesen ocurriendo en el «mundo real»? ¿O has estado convencido de que oías a alguien que te llamaba aunque no fuera así? ¿O has escuchado voces que te advertían de que no hicieras algo, o que te decían cómo actuar? Si has tenido estas experiencias u otras similares, es posible que estés recibiendo impresiones psíquicas a través de la clariaudiencia.

Clariaudiencia significa, literalmente, 'audición clara' y es la capacidad de recibir impresiones psíquicas a través del sonido.

¿Procesas la información de forma auditiva?

Si respondes «sí» a alguna de las siguientes preguntas, es probable que seas una persona propensa a recibir información psíquica a través de la clariaudiencia.

- ¿Sabes escuchar?
- ¿Describes las experiencias en función de los sonidos que oyes o de las palabras que escuchas?
- ¿Te resultan insoportables determinados sonidos y ruidos?
- ¿Tienes facilidad de palabra?
- Cuando conoces a alguien o vas a un lugar determinado, ¿te viene a la cabeza alguna canción o pieza musical conocida?

Escucha a tu oído interno

Todos recibimos un flujo constante de información desde nuestra intuición, y una cierta cantidad de ella es clariaudiente. Solo hay que acordarse de escuchar.

1. Siéntate en un lugar tranquilo, cierra los ojos y relájate. Concéntrate en la parte inferior derecha de la cabeza, en la zona del oído interno. Ahora, simplemente, espera.

2. Con la práctica, serás capaz de distinguir si las voces que oyes proceden de tu intuición o si se trata de tus propios pensamientos cotidianos. Escucha con atención: tu intuición te habla de forma amable, cariñosa y gentil, mientras que el parloteo de uno mismo tiende a ser un poco más áspero y crítico.

3. Puede que descubras que tienes un oído particularmente más psíquico que el otro, lo que significa que escucharás mejor las impresiones psíquicas en tu oído izquierdo o en el derecho.

Clarisentencia

La clarisentencia, a menudo descrita como 'pensamiento o conocimiento claro', es la capacidad de recibir información intuitiva a través de los sentidos del olfato, el tacto y el gusto. Lo sepas o no, es probable que ya hayas recibido información de este modo. Por ejemplo, puede que percibas la energía al entrar en ciertos espacios.

¿Procesas la información emocionalmente?

Si respondes «sí» a alguna de las preguntas siguientes, es probable que seas una persona propensa a recibir información psíquica a través de la clarisentencia.

- ¿Eres empático o compasivo con los demás?
- ¿Los estados de ánimo de tus allegados te afectan a menudo?
- ¿Notas mal sabor de boca, pesadez en la boca del estómago o una sensación de opresión en el pecho cuando algo no te gusta?
- ¿Hueles cosas sin motivo, como rosas, cuando te sientes feliz?
- ¿Puedes percibir la energía en determinados lugares antes de que nadie te haya hablado?

Desarrolla tu potencial

En los dos capítulos siguientes encontrarás varios ejercicios que te ayudarán a desarrollar tu potencial clarisintiente. Estos son los puntos de partida para la mayoría de las personas, pero si no estás seguro de cómo se manifiesta tu capacidad psíquica, practica primero los ejercicios anteriores.

El camino a seguir

Este capítulo te ha presentado las tres áreas principales de la capacidad psíquica: la clarividencia, la clariaudiencia y la clarisentencia. Muchos de los ejercicios de este libro están diseñados para desarrollar una o varias de estas áreas. Puede que te sientas atraído por los tres métodos, pero, a medida que sigas leyendo, quizás empieces a notar que tus instintos te acercan más a una técnica en particular.

EJERCICIO:
Sintoniza con un día en la playa

————————

1. Este ejercicio puede ayudarte a entrar en contacto con la forma en que recibes la información psíquica.

2. Cierra los ojos y respira profundamente. Imagínate en una playa de arena en un día soleado. Huele el aire marino y escucha a las gaviotas. Una brisa ligera y cálida te acaricia el pelo. Oyes y ves las olas rompiendo suavemente en la orilla. Sientes el calor del sol en la piel. Tienes los pies descalzos, así que notas la arena entre los dedos. Te agachas para tocar el agua fresca. Caminas por la playa, tranquilo, relajado y feliz. Vislumbras un puesto de helados cerca y te compras un cucurucho de vainilla. Lo saboreas y sientes el frescor deslizándose por tu garganta.

3. Ahora, abre los ojos despacio y piensa en lo que has experimentado. ¿Con cuál de tus sentidos te ha resultado más fácil conectar? ¿Con la vista y las imágenes visuales (clarividencia)? ¿Con el sonido (clariaudiencia)? ¿O con el olfato, el tacto y el gusto (clarisentencia)?

Trabajar con el subconsciente

Si quieres aprovechar tus poderes subconscientes o creativos, primero tienes que desarrollar tu imaginación. El subconsciente no distingue entre realidad y fantasía. Las ideas que has formado en tu mente son reales, y todo lo que le presentas al subconsciente como cierto, lo es. En segundo lugar, tienes que aprender a controlar tus pensamientos.

Los psíquicos y los místicos creen que, mediante técnicas de control del pensamiento, como la relajación, la concentración y la meditación, se puede acceder al subconsciente e influir en los acontecimientos de la vida. Cuando meditas, creas fuerzas poderosas que emanan de ti mismo e influyen en el mundo que te rodea.

Espacio sagrado

En las páginas siguientes aprenderás a desarrollar la imaginación y la capacidad de concentrarte. Pero, antes, debes crear un lugar especial en el que puedas llevar a cabo tu trabajo de desarrollo psíquico: un espacio sagrado. Este lugar representará tu santuario y la puerta a otra dimensión.

Disponer de un lugar donde no te interrumpan es la función más importante de este espacio sagrado. No hace falta que sea grande: puede ser el rincón de una habitación, o simplemente una cajita portátil con una vela y un paño que siempre lleves contigo. Puede estar situado en cualquier lugar, pero depende de ti hacer que sea especial.

Crear un espacio sagrado

En un mundo perfecto, las directrices que se dan a continuación serían fáciles de seguir. En el mundo real, a veces es más complicado. Trata de hacerlo lo mejor que puedas.

Qué hacer:

- Busca un lugar donde no te molesten.
- Elige objetos que sean especiales para ti.
- Utiliza luces tenues o velas.
- Rodéate de sonidos reconfortantes: música suave, sonidos de la naturaleza o incluso el simple silencio.

Qué no hacer:

- No desordenes el espacio con objetos innecesarios.
- No utilices luces brillantes que te puedan distraer.
- No uses el teléfono móvil cuando entres en tu espacio sagrado.

EJERCICIO:
Relajación progresiva

La relajación es vital para trabajar con tu sexto sentido. Existen dos tipos de técnicas útiles que puedes aprender: la relajación progresiva y la respiración rítmica. Antes de comenzar cualquier ejercicio psíquico, es posible que desees probar una de estas dos técnicas.

La relajación progresiva es una forma maravillosa de empezar, porque, cuanto más relajado estés, más fácil te resultará ponerte en contacto con tu poder psíquico.

1. Túmbate en el suelo y ponte cómodo. Respira hondo y tensa todos los músculos.
2. Mientras espiras, libera la tensión y envía cálidos pensamientos y energía relajante a todo tu cuerpo, empezando por los pies y subiendo hasta la parte superior de la cabeza. Puedes hacerlo diciéndote a ti mismo: «Mis pies están relajados..., mis tobillos están relajados..., mis rodillas están relajadas», y así hasta la parte superior de la cabeza.

Respiración rítmica

Puedes utilizar este método para relajarte en cualquier momento: antes del trabajo psíquico, después de un largo día o, incluso, si no puedes conciliar el sueño por la noche.

1. Empieza a respirar rítmicamente desde el estómago, de forma natural pero pausada.
2. Inhala despacio por las fosas nasales contando hasta cinco.
3. Mantén la respiración durante cinco segundos más y luego exhala lentamente durante el mismo tiempo.
4. Imagina y siente la energía cálida que fluye por tu cuerpo. Aprecia la pausa de paz entre cada respiración.

Enraizamiento

Cada vez que termines tus ejercicios psíquicos necesitarás conectarte a tierra y volver a sintonizar con el mundo físico, para así poder regresar a tu vida cotidiana. El enraizamiento puede ser diferente para cada persona, así que aquí tienes algunos ejemplos de cómo podrías hacerlo tú:

- Realiza algunos estiramientos para revitalizarte.
- Prepara una taza de té.
- Come un tentempié.
- Llama a un amigo.
- Da un paseo.
- Escribe tus experiencias psíquicas en un diario.

El poder
de la imaginación

Cuando imaginas o visualizas algo, ves imágenes mentales que tienen un significado. Tu trabajo consiste en ave-
riguar qué intentan decirte dichas imágenes.

Los siguientes ejercicios te ayudarán a desarrollar
formas creativas de utilizar tu imaginación y a fortalecer
tus poderes psíquicos. A partir de ahora, cada vez que
hagas un ejercicio, intenta crear el ambiente adecuado en
tu espacio sagrado (véanse las páginas 32-33), si puedes,
y realiza algunas técnicas de relajación (véanse las páginas 34-35) antes de trabajar. Y no olvides enraizarte
(véase la página 36) cuando hayas terminado.

EJERCICIO:
Déjate llevar

Este ejercicio te ayudará
a estimular la imaginación.

1. Busca un libro ilustrado de cuentos de hadas y dedica un rato a observar sus páginas. Piensa en cuando eras un niño y tus padres te leían este tipo de cuentos. Puede que recuerdes escuchar la historia, pero probablemente lo que más atesores sean las imágenes y los sentimientos que te provocaron. Ya fuera una puesta de sol o un dragón que escupía fuego, la imagen era real para ti, y te absorbía. Durante unos instantes, la experimentabas profundamente en tu imaginación.

2. Al mirar las imágenes ahora, con ojos de adulto, puede que empieces a notar sensaciones que te resulten familiares y nuevas al mismo tiempo. Es señal de que las imágenes están haciendo su magia y de que estás llegando a tu centro psíquico a través de la imaginación.

EJERCICIO:
De I a Y

Este ejercicio te ayudará
a estimular la imaginación.

1. Dibuja una I y una Y mayúsculas juntas en un papel. Observa ambas letras, luego tapa la Y con la mano y mira solo la I. En tu mente, deja que la I se transforme en una Y. Verás cómo la línea se divide y gira hacia fuera.

2. Inténtalo de nuevo, pero esta vez trata de imaginar que un brazo de la Y crece más rápido que el otro.

3. Hazlo de nuevo y observa cómo un brazo espera a que el otro termine antes de moverse. Visualiza mentalmente cómo uno de los brazos de la Y crece y, cuando se detenga, imagina que el otro se mueve.

EJERCICIO:
La cruz

Al principio de este ejercicio puedes pensar que no ves nada, pero sigue intentándolo y lo conseguirás. Con un poco de práctica y paciencia, lograrás visualizar.

1. Cierra los ojos e imagina una cruz, cualquier tipo de cruz que te guste.
2. Mantén esta imagen en tu mente y gírala despacio hasta que esté al revés.
3. Continúa girándola hasta que haya dado una vuelta completa de 360 grados y vuelva a estar en su posición original.
4. Cuando hayas terminado, coloca mentalmente la cruz en posición vertical. Siempre debes dejar tu visualización tal y como la encontraste; si no lo haces, podrías sentirte un poco desequilibrado después.

EJERCICIO:
Visualiza objetos cotidianos

Este ejercicio sienta las bases de la visión psíquica.

1. Practica cerrando los ojos y visualizando objetos cotidianos, como tu reloj, tus llaves, tu teléfono móvil, etc., con el mayor detalle posible.

EJERCICIO:
Observa a la gente

Utiliza este ejercicio para afinar tu imaginación.

1. La próxima vez que te encuentres en una zona concurrida donde haya mucha gente, busca un sitio cómodo para sentarte y observa a los transeúntes hacer su vida (no los mires de manera demasiado directa, pues podrías incomodarlos).
2. Inevitablemente, alguien te llamará la atención. Cuando pase por delante de ti, recuerda su imagen y trata de imaginar a dónde va o cuál es su trabajo. No lances solo una conjetura, trata de visualizarlo. Presta atención a todo lo que sientas e imagines.

Concentración

Piensa en un momento en el que estuvieras tan enfocado en lo que hacías que lograste bloquear todas las distracciones. ¿Cómo podrías recrear ese nivel de concentración al hacer tus ejercicios psíquicos? Si crees que no eres capaz, prueba el siguiente ejercicio y piensa de nuevo sobre ello.

EJERCICIO:
Camina hacia atrás

Este ejercicio mejorará tu concentración
y potenciará tu capacidad psíquica.

1. La noche es el mejor momento para realizar
    este ejercicio, así que, antes de acostarte, eli-
    ge un lugar tranquilo y cómodo donde pue-
    das prestar atención a tus pensamientos sin
    interrupciones.
2. Respira hondo para relajar el cuerpo y pre-
    parar la mente.
3. Empieza desde este instante y recuerda los
    acontecimientos de tu día hacia atrás, hasta
    llegar al momento en que te levantaste.
4. Si te atascas, retrocede un poco y luego
    avanza para desbloquearte. Tenderás a diva-
    gar, pero no fuerces las cosas ni te pongas
    tenso; vuelve a centrarte en la tarea que tie-
    nes entre manos. Puede que solo lo consigas
    en periodos de cinco o diez segundos, pero
    es suficiente para abrirte a tus impresiones
    psíquicas.

EJERCICIO:
Crea tu concentración

Este es un ejercicio tan poderoso para mejorar la concentración que querrás practicarlo todos los días.

1. Asegúrate de que no estás cansado ni hambriento y elimina todas las distracciones que puedas. Siéntate en una posición relajada y erguida en el suelo o en una silla que te resulte cómoda, pero no demasiado.

2. Cierra los ojos y di con firmeza que eres «bueno» concentrándote. Al repetir: «Soy bueno concentrándome» estás programando tu subconsciente para que crea que tienes esa habilidad. Repite estas palabras de la forma que más te convenga: escríbelas, léelas o repítelas una y otra vez.

3. Ahora, dale a tu mente una tarea de un minuto. Dile que vas a escribir, leer o decir «Soy bueno concentrándome» durante un minuto entero. Ponte una alarma y desarrolla la tarea con toda tu atención. Las primeras veces que lo intentes, puede que empieces a divagar. No te alteres, ten paciencia y persiste. Recuerda: tú eres quien controla lo que pasa por tu mente. Si te das cuenta de que estás pensando en otra cosa, detente, di «no» y vuelve a la tarea con intensidad renovada.

4. Cuando seas capaz de concentrarte durante un minuto entero sin distraerte, aumenta el periodo a dos, tres, cuatro y luego cinco minutos. A continuación, póntelo más difícil. Introduce distracciones: enciende la televisión, mantén los ojos abiertos o siéntate en una habitación concurrida. Repite el ejercicio en estas condiciones hasta que seas capaz de concentrarte durante cinco minutos.

5. Puedes tardar unas tres o cuatro semanas en dominar esta técnica, así que no te preocupes si no le coges el truco enseguida. Una vez que seas capaz de concentrarte, podrás transferir estas habilidades a tu desarrollo psíquico.

Meditación

La forma definitiva de concentración es la meditación. La meditación puede ayudarte a recibir orientación intuitiva, porque relaja la mente y hace que te distraigas con menos facilidad. Con el tiempo, una meditación diaria de diez minutos hará maravillas en tu desarrollo psíquico.

Si te sientes incómodo con el término «meditación», piensa en ella como un momento de quietud, silencio o incluso oración. Prueba a meditar en distintos momentos del día para ver en cuál te va mejor.

EJERCICIO:
Vuela lejos

Este sencillo ejercicio es un buen punto de partida
si no has meditado antes.

1. Siéntate o túmbate en tu espacio sagrado (véanse las
   páginas 32-33). La mayoría de la gente se siente cómoda en una posición erguida, pero si prefieres tum-
   barte, no hay problema. Asegúrate de que tu espalda
   esté apoyada o recta y de que tu cuerpo esté relajado
   (no cruces los brazos ni las piernas); si te muestras
   accesible físicamente, es más probable que estés
   abierto en el plano emocional.

2. Cierra los ojos. Inspira con profundidad, toma aire
   lentamente desde el estómago y llena los pulmones
   por completo. Aguanta la respiración un momento y
   suelta el aire despacio.

3. Mientras respiras, dite a ti mismo que estás dispuesto a
   desarrollar tu potencial psíquico. Deja que tus miedos,
   dudas y pensamientos negativos se disuelvan en una
   bruma de luz dorada. Si los pensamientos que te dis-
   traen se cuelan en tu mente, imagina que se convierten
   en un pájaro hermoso o en una mariposa y que vuelan
   lejos, dejándote tranquilo, despejado y en calma.

4. Cuando te sientas preparado, abre lentamente los
   ojos, estírate y vuelve a la normalidad.

Trabajar
con las personas

La telepatía seguramente sea una de las formas de experiencia intuitiva más comunes que tenemos. Por ejemplo, puede que en alguna ocasión hayas recibido un mensaje de alguien en quien estabas pensando, o que le hayas comprado un regalo a una persona cuando ella misma estaba a punto de hacerlo. Quizá hayas experimentado situaciones así muchas veces, pero es posible que las hayas tachado de conjeturas o coincidencias.

En este capítulo encontrarás ejercicios para desarrollar tu capacidad de leer la mente y comprender mejor a las personas. También aprenderás cómo enviar y recibir pensamientos y cómo leer auras. Las auras son las energías electromagnéticas que rodean a todos los seres vivos, que contienen nuestros pensamientos y sentimientos y que pueden ser vistas o percibidas por los psíquicos.

Sensibilidad de manipulación

Cuando eres empático, los sentimientos, las emociones y las actitudes de otras personas pueden afectarte tanto que los sientas casi como propios. Cuando desarrollas tu capacidad psíquica, las impresiones externas tienden a registrarse con más fuerza, y es más probable que recibas impresiones de sentimientos y situaciones que no son los tuyos.

¿Eres sensible?

Si respondes «sí» a alguna de las preguntas de abajo, lo más probable es que seas una persona sensible y empática y necesites protegerte.

- ¿Te dejas convencer con facilidad por los demás para hacer cosas que normalmente no harías?
- ¿Tu estado de ánimo cambia al pasar de un grupo a otro?
- ¿Te sientes agotado después de estar con gente?
- ¿Necesitas mucho tiempo a solas?
- ¿Pareces saber siempre lo que sienten los demás?
- ¿Eres una persona susceptible?
- ¿Tienes tendencia a cargar con los problemas de los otros?

Cortar el hilo

Si eres empático por naturaleza y te cuesta desconectar de los demás, intenta visualizar una forma de separarte de ellos. Puedes imaginar que cortas un hilo entre tú y la otra persona, o que entras en una habitación especial y cierras la puerta. Visualizar una burbuja protectora a tu alrededor en la que nadie pueda entrar también puede ayudarte. Invoca la parte de ti que sabe cómo desapegarse cuando los sentimientos que recibes de los demás o de tu entorno se vuelven abrumadores.

Vista áurica

Todo tiene un campo energético sutil, un aura cuyos colores y formas son característicos de la persona, el animal o la cosa a la que rodean. Según nuestro estado de ánimo y de salud, cambian de color.

Ver auras

Si quieres empezar a ver auras, primero tienes que sentirte lo más relajado posible. Respira lenta y profundamente durante unos instantes. A continuación, en lugar de mirar de manera directa, mira justo al lado de alguien y echa un vistazo despreocupado en su dirección, dejando que tu mirada se desenfoque. El objetivo es engañar a tu mente racional centrándote mucho en otra cosa y prestando poca atención a la persona cuya aura quieres leer.

Las visiones del aura suelen ser rápidas como un rayo, pero, cuanto más practiques, más natural te parecerá y más probable será que el color se haga perceptible.

Interpretar las auras

Una vez que comiences a ver auras, puedes interpretarlas pensando en la calidad del color que ves, más que en el color en sí. ¿Es claro y brillante o apagado y turbio? ¿El aura está sana y feliz o recibe señales contradictorias? Con la práctica, puede que empieces a relacionar determinados tonos o colores con emociones.

Todos interpretamos el color de formas distintas, pero tener una guía ayuda. La lista de cualidades que se muestra a continuación es un buen punto de partida.

ROJO
Supervivencia, fuerza,
motivación, energía,
poder, ira, cambio.

NARANJA
Vitalidad, sexualidad,
ejercicio, placer,
creatividad, calor, pasión.

AMARILLO
Inspiración, poder de la
mente, estudio, ideas,
alegría.

VERDE
Naturaleza, equilibrio,
armonía, calma, amor,
compasión.

AZUL
Comunicación, curación,
capacidad de enseñanza,
inspiración, creatividad.

ÍNDIGO
Visión, intuición,
capacidad psíquica.

VIOLETA
Sabiduría, iluminación,
crecimiento espiritual.

ROSA
Amor, calidez, ternura,
juventud, crianza,
inocencia.

ORO
Amor, prosperidad,
brillantez, creatividad.

BLANCO
Pureza.

NEGRO
Depresión, crisis,
renovación.

MARRÓN
Capacidad práctica,
realismo, solidez,
devoción, simpatía.

EJERCICIO:
Reenfoca la mirada

Desarrollar la visión áurica a menudo es simplemente una cuestión de aprender a reenfocar. Este ejercicio te ayudará a hacerlo. La luz suave del atardecer es un buen momento para ponerlo en práctica.

1. Mantén la mano a unos 45 cm de tus ojos. Mírala, fijándote en sus formas, en sus líneas y en su textura.

2. Observa el contorno de los dedos al cerrar con delicadeza el puño y volver a abrir la mano.

3. Desplaza tu atención de la mano a algo que esté lejos. Mantenla en el centro, pero mira a través de ella hacia el objeto. Practica el cambio de visión unas cuantas veces.

4. Fíjate en lo diferente que se ve tu mano a medida que ajustas el enfoque. Descansa los ojos un momento y repite el ejercicio, pero esta vez céntrate en el objeto distante y fíjate en lo que ves. Es posible que vislumbres un pequeño movimiento de luz o energía alrededor de tu mano o una imagen doble.

Telepatía

La telepatía es la comunicación entre mentes de pensamientos, sentimientos e ideas a través del poder psíquico. Los siguientes ejercicios te ayudarán a aprender a enviar y recibir información de forma telepática.

EJERCICIO:
Da en el blanco

Para este ejercicio, necesitarás un compañero que trabaje contigo. Si lo practicas con asiduidad, tendrás una idea más clara de lo que se te da mejor: enviar o recibir comunicación telepática.

1. Selecciona una parte del cuerpo de tu amigo como objetivo. Cierra los ojos y concéntrate intensamente en ella. No le digas a tu amigo qué parte del cuerpo has elegido.

2. Imagina que le haces cosquillas o le das palmaditas durante unos instantes. Concéntrate en notar la sensación tú mismo antes de transmitírsela a la persona.

3. Cuando hayas terminado de enviar la información, abre los ojos y pregunta a tu compañero si ha sentido o pensado algo.

4. Cambiad los roles y deja que tu compañero se dirija a partes de tu cuerpo de la misma manera.

EJERCICIO:
Perfecciona
tus habilidades telepáticas

———————————

Para este ejercicio tienes que acordar una hora en la que tú y un amigo podáis meditar durante diez minutos en lugares diferentes. Utiliza los primeros cinco minutos para enviar un mensaje y los otros cinco para recibirlo, asegurándote de que los tiempos estén sincronizados para que cada uno reciba lo que el otro envía.

1. Empieza respirando hondo y concéntrate en enviar un mensaje a tu amigo. Piensa en el mensaje de la forma que quieras, pero cíñete a una única representación.
2. Cuando se acabe el tiempo, respira hondo unas cuantas veces más y pasa al modo de recepción. Abre tu mente al mensaje que te está enviando tu amigo.
3. Cuando termines el ejercicio, escribe todo lo que recuerdes sobre el mensaje que has enviado y lo que crees que has recibido.
4. Compara tus experiencias. ¿Cuántas veces has acertado? ¿Cuántas veces te has equivocado? No te desanimes si los resultados son malos al principio; la mayoría de la gente mejora con la práctica.

EJERCICIO:
Envía mensajes
a otras personas

Los ejercicios anteriores se han centrado en la telepatía entre personas que se encuentran cerca, pero, aunque parezca mentira, la telepatía también puede funcionar a larga distancia.

1. Elige a alguien a quien quieras enviar buenos pensamientos, busca un lugar tranquilo y cómodo y solicita que te llegue su energía.

2. Ahora piensa en esa persona y respira profunda y lentamente. Mientras inhalas, mira y siente cómo la luz curativa fluye hacia ti para sanarte y bendecirte. Al exhalar, observa cómo esa maravillosa energía curativa pasa de ti a la otra persona para fortalecerla.

3. Hazlo durante unos instantes. Observa y siente cómo el otro se fortalece.

4. Da las gracias por este intercambio curativo y, a continuación, vuelve a centrarte en ti y en tu energía, dedicando tiempo a verte sanado y fortalecido por el proceso.

Escanear personas

Este tipo de exploración consiste en ver la energía y los pensamientos de los demás. Puede que no lo consigas de inmediato, pero si practicas las técnicas de este capítulo todos los días, acabarás dominándolas.

EJERCICIO:
De arriba a abajo

La exploración puede decirte mucho sobre las personas que conoces.

1. Cuando te presenten a alguien nuevo, tómate un momento para imaginar a esa persona en una bola de luz o energía pura.

2. Ahora escanea mentalmente a esa persona de arriba a abajo, y luego de abajo a arriba, fijándote en cualquier palabra, imagen, color, pensamiento o sensación en tu cuerpo, cualquier cosa (por loca que sea) que surja. Acuérdate de no mirar fijamente; no es necesario mirar de manera directa a una persona para escanearla.

3. Si puedes, anota estas primeras impresiones y guárdalas. Una vez que la hayas conocido mejor, vuelve a leer tus notas. ¿Tenías razón? ¿Tenían sentido tus impresiones?

EJERCICIO:
Lee a la gente

———————

Lo mejor es practicar este ejercicio con alguien a quien conozcas bien. Cuando te sientas cómodo con esa persona, podrás llevarlo a cabo con quienes no tengas tanta confianza.

1. Pide a alguien que conozcas que se siente frente a ti y permanezca en silencio durante cinco minutos. Cógele de la mano y cierra los ojos. Presta atención a tu corazón y a tu instinto y céntrate en lo que sientes.

2. Respira hondo y empieza a percibir información sobre la otra persona. Observa su rostro y su cuerpo. Fíjate en los colores que la rodean. Tómate tu tiempo. No hables ni hagas preguntas; espera a que te lleguen sensaciones, pensamientos o sentimientos. Cuando estés preparado, abre los ojos y comparte la información que has recibido. Exprésala de la forma más positiva posible.

3. Si has tocado un tema con el cual tu compañero no se siente cómodo, déjalo. En su lugar, pasa a otras impresiones que hayas recibido.

4. Aléjate de la otra persona e imagínate exhalando todos los sentimientos que no son tuyos y que no te pertenecen. A continuación, y para terminar, deberías enraizarte (véase la página 36).

Trabajar
con la materia

En este capítulo exploramos cómo puedes influir en objetos, lugares y situaciones con tus pensamientos.

Los psíquicos creen que los pensamientos pueden escapar del cuerpo y ser absorbidos por el entorno, lo que explicaría el tipo de ambiente que puedes sentir en ciertos lugares o situaciones. Los ejercicios que siguen están diseñados para ayudar a tu mente y a tu cuerpo a ser más sensibles al entorno y a los objetos que hay en él, para que puedas seguir creciendo y atrayendo el éxito hacia ti.

Conecta con el tacto

Cada día de tu vida intercambias energía con las personas que conoces. El proceso de captar y emitir energía se denomina «impronta». He aquí algunas formas en las que tu guía interior puede ayudarte a recibir improntas.

Sensaciones físicas y emocionales

Cuando cojas un objeto por primera vez, presta atención a lo que sientes y en qué parte del cuerpo lo sientes. Es posible que experimentes ciertas sensaciones físicas, como picor, dolor u hormigueo. Al relajarte y centrarte en lo que sientes, empiezas a conectar con las huellas energéticas del objeto.

Puede que percibas emociones fuertes en tu interior al recibir estas improntas. Con frecuencia, la emoción que captas es la que el portador del objeto en cuestión ha experimentado más recientemente o más a menudo. Toma nota de cómo te sientes y de lo que ves en tu mente.

Imágenes visuales

A veces, tu guía interior te ayudará a ver cosas asociadas a un objeto: imágenes, colores, personas, etcétera. Lo difícil no es ver la información, sino comprender lo que significa. Si te sientes confuso, recuerda que tu intuición siempre intentará utilizar imágenes o pensamientos con los que puedas sentirte identificado.

EJERCICIO:
Energiza las manos

Este ejercicio ayuda a despertar la sensibilidad de las manos, para facilitar que, a través de ellas, percibas las energías sutiles de objetos, personas y lugares.

1. Frótate las manos durante unos treinta segundos y, a continuación, extiéndelas hacia delante, con las palmas hacia abajo y separadas unos 60 cm.
2. Mueve una mano hacia la otra, acercándolas todo lo que puedas sin dejar que se toquen.
3. Ahora, llévalas lentamente hacia atrás, hasta que estén separadas unos 20 cm. Repite este movimiento de entrada y salida dos o tres veces y, mientras lo haces, presta atención a lo que sientes. Es posible que sientas una presión creciente entre ellas, una sensación de cosquilleo o un calentamiento.

Psicometría

La lectura de las huellas energéticas de las cosas y los lugares se denomina *psicometría*, y resulta muy útil para obtener información sobre aquello a lo que afectan.

La información contenida en los objetos puede ser positiva, negativa o neutra. Por ejemplo, si sujetas el velo de una novia, puedes sentir la emoción de ese día.

Detecta el color
de una carta

En este ejercicio vas a intentar intuir el color de los palos sin mirar las cartas. Las cartas de palo rojo (corazones y diamantes) tienen una vibración diferente a la de las de palo negro (tréboles y picas).

1. Coge una baraja de cartas y energiza tus manos (véase la página 68).
2. Dispón una carta negra delante de ti y colócala boca arriba. Pon las manos sobre ella, cierra los ojos y presta atención a lo que sientes. Haz lo mismo con una carta roja.
3. Ahora extiende toda la baraja boca abajo y elige una carta. Mantenla boca abajo e intenta intuir si es negra o roja. Dale la vuelta a la carta y comprueba si has acertado; repite la operación con otra carta. Te sorprenderá lo rápido que mejoras.

EJERCICIO:
¿Adivina qué?

Aquí tienes un ejercicio que podrías probar
con otras personas.

1. Pide a algunos de tus amigos que elijan objetos pequeños y mételos en sobres para que no sepas qué objeto pertenece a quién.
2. Ahora, energiza tus manos (véase la página 68).
3. Elige un sobre y saca el objeto.
4. Cierra los ojos y relájate. Intenta sintonizar con el objeto que tienes en las manos prestando atención a las sensaciones físicas, emocionales y visuales que recibas. Empieza por las sensaciones físicas. ¿Sientes calor, frío, picor…? ¿Piensas en alguna parte de tu cuerpo en concreto, o sientes un cosquilleo en ella? A continuación, concéntrate en tus emociones. Por último, presta atención a las imágenes que te vengan a la mente.
5. Cuando hayas terminado de percibirlo todo, escribe tus impresiones en el sobre y comparte tu experiencia con el propietario del objeto. Obtén todos los detalles y comentarios que puedas, y no te preocupes si te equivocas: no es un concurso.

Detección de ambientes

Al igual que los objetos tienen su propia energía y tacto, todo lo que ocurre en el entorno de un objeto le afecta y puede ser registrado por quienes tienen capacidad psíquica —y, en particular, clarisintiente—.

EJERCICIO:
Detecta lugares

En este ejercicio pensarás en aquellos lugares que visitas habitualmente para ayudarte a observar tus impresiones del mundo que te rodea.

1. Visualiza los lugares en los que pasas la mayor parte del tiempo.
2. ¿Cuáles te dejan una buena impresión? ¿Qué lugares transmiten desasosiego? Piensa en qué espacios son buenos para ti y cuáles no. Puede que descubras que determinadas habitaciones de tu casa o tramos de una calle concreta no son tan buenos como otros. No hace falta que busques una explicación ni una causa.
3. Una vez que hayas hecho tus observaciones, puedes hablar de ellas con un amigo. Puede que te sorprenda la frecuencia con que otras personas sienten lo mismo, sin motivo aparente.

Reconoce el ambiente de una habitación

Este ejercicio está diseñado para ayudarte a detectar las sensaciones y el ambiente a tu alrededor en este momento.

1. Camina por la habitación en la que te encuentras o ve a otra habitación de tu casa (pero no a tu dormitorio).
2. ¿Es clara u oscura? ¿Qué colores tiene? ¿Qué formas tiene? ¿Es cálida o fría? ¿Qué sonidos oyes? ¿A qué huele?

3. Ahora ponte la mano en el estómago y fíjate en cómo te sientes en esta habitación. ¿El espacio es relajado o tenso? ¿Tiene personalidad? ¿Hay un ambiente alegre? ¿Las personas que utilizan esta sala están contentas o percibes algo de estrés? ¿Ha ocurrido algo en el pasado en esta sala que influya en el presente?

4. Confía en que tu instinto te dé las respuestas. Si la habitación no te parece equilibrada, pregúntate qué hay que cambiar para mejorar el ambiente y que tus sensaciones sean mejores. Puedes hacerlo reorganizando los muebles, colgando cuadros en las paredes o invitando a personas y experiencias más positivas a la habitación.

Telequinesis

La telequinesis es la capacidad de mover objetos utilizando únicamente los pensamientos y la energía. No es un poder fácil de adquirir, y la gran mayoría de la gente se beneficiaría más si invirtiera sus fuerzas en otras áreas del desarrollo psíquico. Dicho esto, ¿quién sabe de lo que alguien es capaz, con la práctica adecuada? Es vital tener en cuenta que, si no aceptas que tienes el potencial para aprovechar el poder de la telequinesis, tu mente trabajará en tu contra.

EJERCICIO:
Mueve objetos pequeños

La idea de poder hacer volar objetos grandes y pesados por la habitación es mágica, pero la realidad no es tan dramática. Con esta habilidad, es más probable mover objetos pequeños y ligeros, como trozos de papel o alfileres, así que prueba primero con ellos.

1. Energiza las manos según las directrices ya dadas (véase la página 68).
2. Colócalas cerca de un objeto pequeño, como un trocito de papel de cocina o una cerilla usada. Pon las manos alrededor del objeto hasta que percibas el límite de su energía.
3. Una vez que puedas sentirlo, intenta visualizar la energía fluyendo desde tus manos hacia el objeto e imagina que lo mueves. Ten paciencia, porque crear y liberar la energía de la forma adecuada para que el objeto responda lleva tiempo.
4. Practica unos minutos cada día. Si lo sigues intentando, con el tiempo el objeto podrá moverse o crisparse: es tu influencia telequinética sobre él. Sigue haciendo este ejercicio con distintos tipos de objetos y en distintos entornos.

Trabajar con el tiempo

En este capítulo nos enfrentamos a las habilidades psíquicas «basadas en el tiempo» utilizando herramientas de predicción como la adivinación, las cartas del tarot o los sueños. Sea cual sea el método que elijas, es importante comprender que cada vez que recurras a tu poder subconsciente, tu conexión con él se hará más fuerte y tu capacidad psíquica aumentará.

Ten en cuenta que, a través de elecciones y acciones en el presente, creas posibilidades en el futuro. Así que, en muchos sentidos, puedes ver tu futuro reconociendo los patrones de comportamiento que te conducen al éxito o al fracaso. La clave está en ser capaz de reconocer estos patrones, y la mejor manera de hacerlo es establecer una fuerte conexión con tu intuición trabajando a través de los ejercicios de este libro.

Adivinación

Para ver el futuro se utiliza tradicionalmente una bola de cristal, pero no siempre es necesario. Algunos videntes pueden hacerlo sobre cualquier superficie que elijan, como un espejo, un cuenco de agua o incluso sobre las uñas. Sin embargo, al empezar a practicar, podría ser útil utilizar un cristal de cuarzo y/o un cuenco de agua.

EJERCICIO:
Prestidigitación simple

———————

Con cada intento de adivinación reforzarás
tu habilidad y, con el tiempo, las imágenes
que veas serán más claras.

1. Comienza con una respiración lenta y rítmi-
    ca, y coloca las manos alrededor de un cristal
    o un cuenco de agua.
2. Concéntrate en el problema o en lo que
    quieres saber. Mientras sostienes o tocas el
    cristal o el cuenco de agua, siente cómo co-
    bra vida. Imagina que la energía crece dentro
    de ti.
3. Mantente relajado y presta atención a las
    formaciones que veas en el cristal o el cuen-
    co: observa cómo se refleja o capta la luz. No
    mires demasiado fijamente, sino con sua-
    vidad.
4. Tu intuición te ayudará a reconocer las imá-
    genes relacionadas con tu pregunta. Re-
    flexiona sobre lo que significan para ti. Verás
    nubes que aparecen y desaparecen, e incluso
    podrás vislumbrar el futuro. Tu estado de
    ánimo durante la adivinación deberá ser
    tranquilo y concentrado.

Cartas del tarot

Una baraja de tarot consta de 78 cartas divididas en dos grupos: los Arcanos Mayores (22 cartas) y los Arcanos Menores (56 cartas). Hay cuatro palos en cada baraja: oros, espadas, copas y bastos. Esto puede sonar muy complicado, pero no lo es: en esencia, las cartas son simplemente desencadenantes de tu intuición.

Normalmente, para leerlas se barajan y se colocan boca abajo en varias formaciones o tiradas. Se cree que cada posición en la tirada tiene un significado y una importancia particulares, y que cada carta de los Arcanos Mayores o Menores tiene un sentido individual.

Aunque las tiradas se utilizan sobre todo con fines adivinatorios, también se pueden obtener resultados analizando una sola carta elegida al azar. De hecho, a algunas personas les gusta sacar una sola carta al principio de cada día y meditar sobre ella, para activar sus poderes intuitivos.

EJERCICIO:

El diferencial de la piedra de toque

Este ejercicio es una buena manera de conocer las cartas de una en una.

1. Al principio de cada día, extiende todas las cartas boca abajo.
2. A continuación, elige una al azar y utilízala como punto de referencia para los acontecimientos que te esperan.
3. Al final del día, reflexiona sobre lo que ha ocurrido y sobre cómo la carta que has elegido resume o se relaciona con estos acontecimientos.

Sueños

Cada vez que uno se va a dormir, cruza un misterioso umbral de conciencia. Los sueños pueden ayudarnos a dar sentido a lo ocurrido durante el día, a resolver problemas, presentarnos oportunidades para poner en práctica nuestros deseos, enfrentarnos a nuestros miedos y utilizar distintas situaciones para comunicarnos mensajes sobre nuestro pasado, presente y futuro.

Una buena forma de descubrir el significado de tus sueños es la asociación libre: piensa en lo primero que te venga a la mente. Cuanto más trabajes con tus sueños, más familiarizado estarás con tus imágenes personales. En el mundo a menudo surrealista de los sueños no hay lugar para la lógica, y la respuesta a tu pregunta puede aparecer incluso antes de que te la hayas planteado.

EJERCICIO:
Incuba tus sueños

Este ejercicio animará a tu mente despierta a
trabajar con tu mente dormida para ayudarte
a resolver problemas en la vida real.

1. Decide qué quieres soñar, qué problema quieres re-
    solver o qué pregunta quieres que tenga respuesta.
    Escribe la pregunta o el sueño deseado en un papel.
    Sé tan específico como puedas.
2. Léelo una y otra vez durante el día, y de nuevo cuan-
    do te prepares para acostarte.
3. Una vez en la cama, vuelve a leer la pregunta y pide a
    tu yo soñador que te traiga la respuesta. Coloca el
    papel debajo de la almohada o cerca de la cama.
4. Dite a ti mismo que tendrás el sueño que pediste, y
    confía en que así será.
5. Prométete que recordarás este sueño. Prepárate para
    escribirlo cuando te despiertes y permanece abierto a
    lo que venga.
6. Deja que se incube la intención de tus sueños. Relaja
    la mente antes de dormir. Mantente dispuesto a ex-
    perimentar y a volver a intentarlo si es necesario.

Sincronicidad

¿Alguna vez te has encontrado exactamente en el lugar adecuado en el momento oportuno? ¿Te han llamado para ofrecerte una respuesta exactamente cuando más la necesitabas? Muchas personas tachan estas experiencias comunes de meras coincidencias, pero no tienen nada de insignificantes. Son ejemplos de sincronicidad.

A medida que trabajes con los ejercicios de este libro, no solo empezarás a escuchar tu intuición; también a reconocer las señales de sincronicidad.

Desarrollar la sincronicidad

Hasta que ganes confianza en tu capacidad para captar las pistas sutiles de la sincronicidad, aquí tienes algunos ejercicios que te ayudarán a sintonizar.

- Al levantarte por la mañana, comprueba si puedes adivinar los titulares de las noticias antes de oírlos o leerlos.
- Antes de encender la radio, a ver si intuyes qué música va a sonar.
- La próxima vez que te encuentres frente a una hilera de ascensores, trata de acertar cuál va a ser el siguiente en llegar.
- Cuando estés en la caja del supermercado, intenta adivinar qué cola va a ser la más rápida.

Trabajar con otras dimensiones

En este capítulo aprenderás a desarrollar habilidades para ver otros lugares más allá de las barreras físicas y —para aquellos que creen que hay algo más en esta vida que la mera realidad material— experimentar otras dimensiones de la existencia.

Todos tenemos un yo superior o conciencia que guía el curso de nuestra vida. El yo superior es una parte de nuestra mente que actúa como puente entre los reinos físico y espiritual. La mayoría de la gente mantiene su yo superior oculto en lo más profundo de su ser, pero con cada ejercicio de desarrollo psíquico que has hecho hasta ahora, y que harás en este capítulo, se hará más fuerte y más poderoso en tu vida diaria.

Visión a distancia

La visión remota es la capacidad psíquica de presenciar acontecimientos, objetos o lugares fuera del alcance del ojo humano. Por ejemplo, a un vidente se le puede pedir que describa un lugar al otro lado del mundo que nunca ha visitado, un acontecimiento que ocurrió hace mucho tiempo o un objeto sellado en un recipiente o encerrado en una habitación, todo ello sin que se le diga nada sobre el objetivo (ni siquiera su nombre o designación).

EJERCICIO:
Visión remota

———————

Prueba la visión remota con este sencillo ejercicio.

1. Elige un lugar que quieras visitar, pero en el que aún no hayas estado y del que sepas muy poco. Si estás con un amigo, puedes elegir algo como su oficina o la casa de un familiar.

2. Después de elegir tu «objetivo», ponte cómodo y cierra los ojos. Respira varias veces e imagina que flotas fuera de tu cuerpo y te desplazas al lugar que has elegido. Empieza a fijarte y a describir los detalles de lo que ves.

3. Cuando hayas visto suficiente, vuelve a tu cuerpo físico y respira profundamente. Haz algunos estiramientos y tómate unos momentos para volver a la habitación.

4. Anota todo lo que puedas recordar de tu experiencia. Ten en cuenta que podrías tener la sensación de estar inventándote cosas, pero, cuando finalmente visites el lugar elegido, quizá te sorprendas al descubrir que era más exacto de lo que pensabas. Arriésgate, aunque te equivoques.

Conecta con tu conciencia superior y conócete a ti mismo

El yo superior es una parte de nuestra mente que actúa como puente entre los reinos físico y espiritual. Entrar en contacto con tu yo superior puede parecer extraño e incómodo al principio, pero cuanto más lo practiques, más capaz serás de incorporar habilidades psíquicas a tu vida.

Este ejercicio te ayudará a encontrarte con él.

1. Siéntate en una posición cómoda, respira profundamente, cierra los ojos e imagina que tu yo superior existe en un hermoso lugar de luz y sonido, y que ese lugar está justo encima de ti.

2. Mientras respiras, visualiza un puente que conduce a tu yo superior e imagínate a ti mismo subiendo por él. Cuando entres en tu yo superior, estarás rodeado de luz, color y sonido. Tómate tu tiempo para explorar.

3. Cuando estés preparado, mírate en un espejo de cuerpo entero. Te darás cuenta de que la imagen que ves en el espejo es tu yo real, tu yo ideal, tu yo superior. Para tu asombro, este saldrá del espejo y dirá: «Yo soy tu parte más creativa. Veo lo que tú no ves. ¿Cómo puedo ayudarte?». La voz será amable, gentil y cariñosa.

4. Siéntate con tu yo superior y pregúntale qué te espera en la próxima semana. Escucha y recuerda lo que tiene que decirte. Tu guía te dirá que siempre estará a tu lado y luego se fundirá contigo para que sientas cómo despierta tu verdadera esencia.

5. Tu corazón estará lleno de esperanza. Te sentirás más grande de lo que puedas imaginar. Cuando te vayas, aplica ese sentimiento de inspiración a tu vida diaria.

6. Vuelve a cruzar el puente y, mientras lo haces, mírate a ti mismo expresando tu conciencia superior en cada momento de vigilia.

7. Abre poco a poco los ojos y anota las intuiciones que te hayan llegado.

Trabaja con los chakras: meditación del tercer ojo

Es posible que ya conozcas la palabra *chakra*: es una palabra sánscrita que significa 'rueda'. Los chakras son los centros de actividad energética del cuerpo, que gestionan todas las energías vitales por nosotros. Podemos recibir información del yo superior a través de todos los chakras, pero el centro de la frente (o tercer ojo, como también se le conoce) es el más común, asociado al desarrollo del potencial psíquico y, en particular, al clarividente.

Tu tercer ojo es una puerta a tu yo superior y a tu potencial desconocido. Esta meditación te ayudará a abrir esa puerta.

1. Relaja la mente y el cuerpo y respira profundamente. Inhala despacio por la nariz, aguantando la respiración tanto tiempo como te resulte cómodo, antes de soltarla por la boca. Repite la operación durante cuatro respiraciones más.

2. Concéntrate en el espacio que tienes delante de la frente e imagina una pantalla de cine. No intentes pensar en lo que aparece en la pantalla; simplemente deja que las imágenes se desplacen por ella y concéntrate en ellas a medida que aparecen y desaparecen. Tu tercer ojo se está abriendo.

3. Busca un color en la pantalla de cine y, cuando lo veas, pregúntate qué puede significar. Ahora identifica formas y pregúntate lo mismo. Mientras lo haces, visualízate acercándote a la imagen hasta que casi puedas tocarla. ¿Qué ves? ¿Qué sientes? ¿Lo reconoces?

4. Ahora que tu tercer ojo está abierto, puedes pedir un mensaje. Tienes que tener claro qué es lo que pides; podrías escribir en un papel una frase corta que contenga tu pregunta.

5. Relájate y crea tu pantalla de cine. Observa cómo se despliegan los colores y las formas y deja que la respuesta a tu pregunta se te revele en forma de palabras, imágenes o colores en la pantalla. Deja que te presenten una historia.

6. Anota lo que ves. ¿Tiene sentido para ti? Aunque ahora no lo tenga, puede que lo haga más adelante.

EL PEQUEÑO LIBRO DEL TRABAJO DE SOMBRAS

RICHARD MARTYN

Este libro te permitirá descubrir lo que realmente encierra tu sombra y te enseñará a trabajar con ella para afrontar y liberar las emociones negativas, y disfrutar así de una vida más gratificante.

EL PEQUEÑO LIBRO DE LA RESILIENCIA

CHERYL RICKMAN

Este libro ofrece consejos y herramientas prácticas para desarrollar esta aptitud, y nos explica cómo responder a todo tipo de contratiempos.